Impressum
Verlag: BABADADA GmbH, Nedderfeld 112 , 22529 Hamburg
Geschäftsführer / Verlagsleitung: Harald Hof
Druck: Books on Demand GmbH, In de Tarpen 42, 22848 Norderstedt

Imprint
Publisher: BABADADA GmbH, Nedderfeld 112 , 22529 Hamburg, Germany
Managing Director / Publishing direction: Harald Hof
Print: Books on Demand GmbH, In de Tarpen 42, 22848 Norderstedt

iskola
isikole

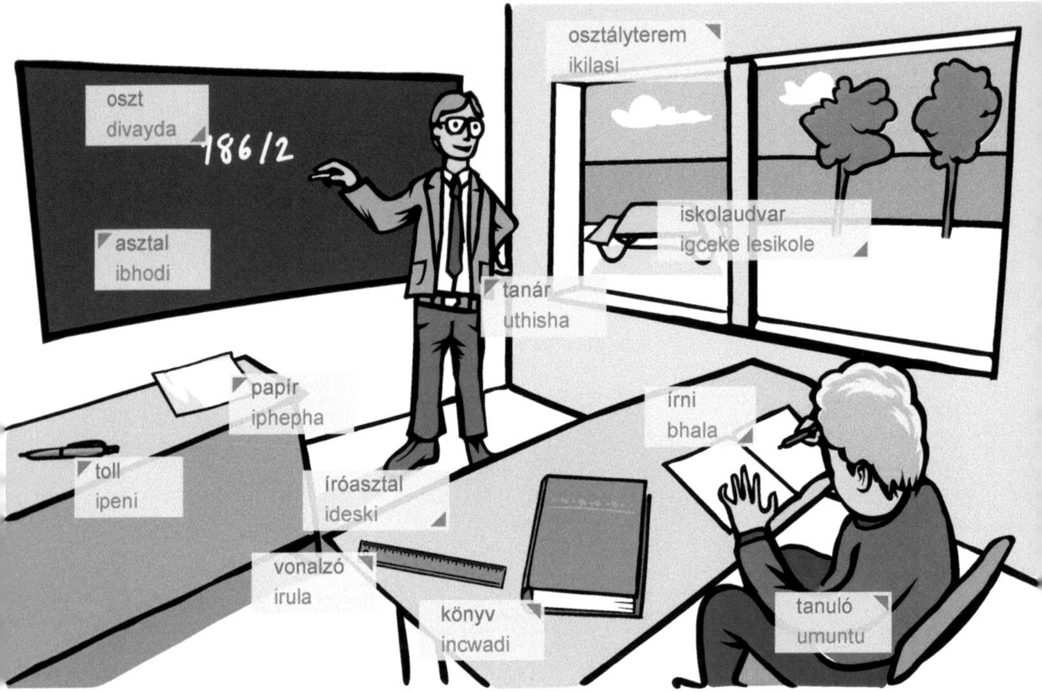

osztályterem
ikilasi
oszt
divayda
186/2
asztal
ibhodi
iskolaudvar
igceke lesikole
tanár
uthisha
papír
iphepha
írni
bhala
toll
ipeni
íróasztal
ideski
vonalzó
irula
könyv
incwadi
tanuló
umuntu

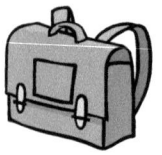

iskolatáska
....
isikhwama

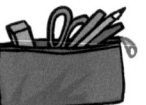

tolltartó
....
isikwama sepeni

ceruza
....
ipensela

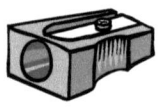

ceruzahegyező
....
umshini wokulola

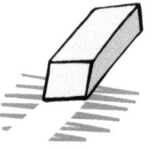

radír
....
irabha

rajzfüzet
....
indawo yokudweba

rajz

ukudweba

ecset

ibrashi lokupenda

festőkészlet

ibhokisi lokupenda

olló

isikelo

ragasztó

inomfi

munkafüzet

incwadi yesikole

házi feladat

umsebenzi wasekhaya

szám

inamba

összead

hlanganisa

kivon

susa

szoroz

phindaphinda

számol

bala

betű

lncwadi

ABC

izinhlamvu zamagama

szó

igama

iskola - isikole

3

szöveg

umbhalo

olvasni

funda

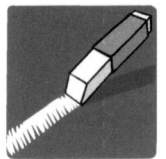

kréta

ushoki

tanóra

isifundo

napló

bhalisa

vizsga

isivivinyo

bizonyítvány

isitifiketi

iskolai egyenruha

iyunifomu yesikole

oktatás

imfundo

enciklopédia

i-encyclopedia

egyetem

inyuvesi

mikroszkóp

isibonakhulu

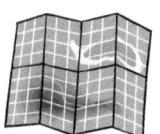

térkép

ibalazwe

papír-hulladék gyűjtő

ibhaskidi yokulahla
amaphepha

utazás
ukuhamba

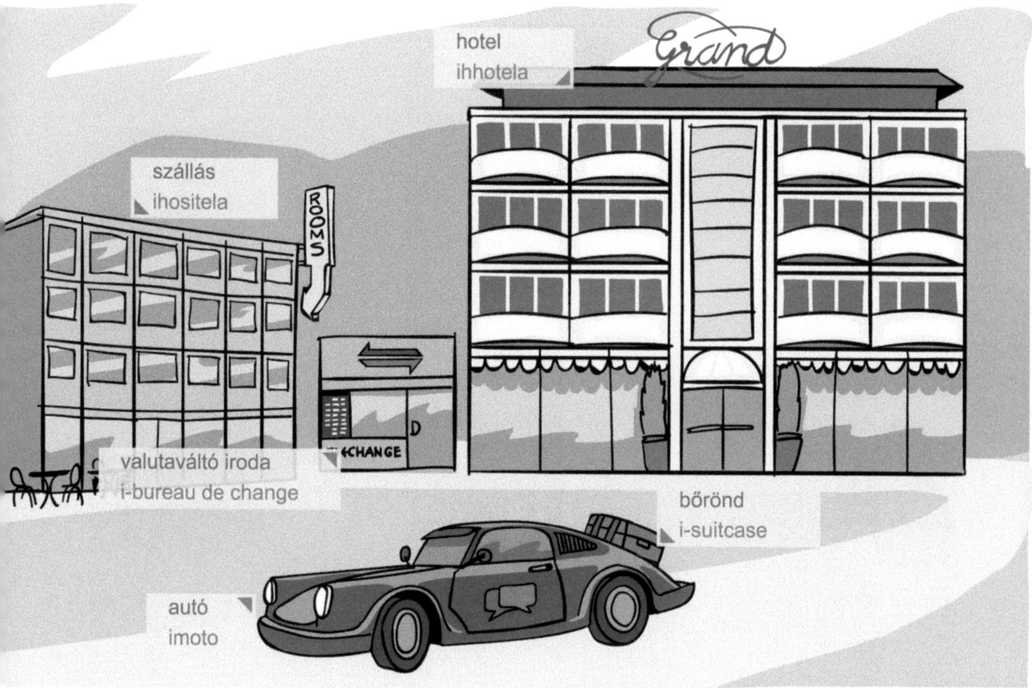
hotel
ihhotela
Grand
szállás
ihositela
ROOMS
valutaváltó iroda
i-bureau de change
CHANGE
bőrönd
i-suitcase
autó
imoto

nyelv

ulimi

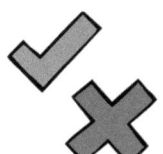

igen/nem

yebo / cha

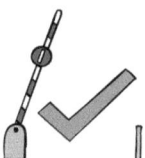

rendben

kulungile

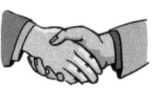

szia

sawubona

fordító

umhumushi

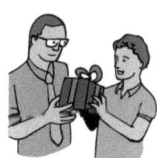

köszönöm

Ngiyabonga

mennyibe kerül…?

iyimalini i…?

nem értem

angiqondi

probléma

inkinga

Jó estét!

Intambama enhle!

jó reggelt!

Sawubona!

jó éjszakát!

Ulale kahle!

viszontlátásra

bye bye

útirány

isiqondiso

poggyász

izikhwama

táska

isikhwama

hátizsák

ubhakha

vendég

isivakashi

szoba

igumbi

hálózsák

isikhwama sokulala

sátor

ithende

turista információ

imininingwane yamathoristi

strand

ulwandle

hitelkártya

ikhadi lesikweletu

reggeli

ukudla kwasekuseni

ebéd

ukudla kwasemini

vacsora

ukudla kwasebusuku

jegy

ithikithi

lift

i-lift

bélyeg

isitembu

határ

ibhoda

vám

amasiko

nagykövetség

inxusa

vízum

ivisa

útlevél

iphasiphothi

közlekedés
izinto zokuhamba

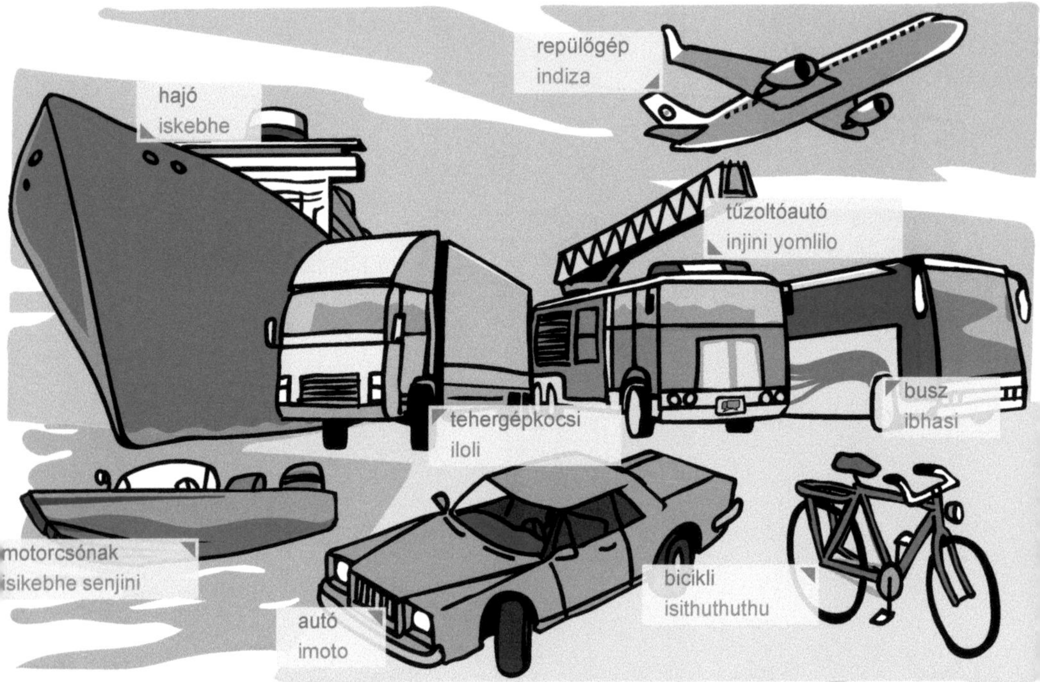

repülőgép
indiza
hajó
iskebhe
tűzoltóautó
injini yomlilo
busz
ibhasi
tehergépkocsi
iloli
motorcsónak
isikebhe senjini
bicikli
isithuthuthu
autó
imoto

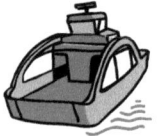

komp

isikebhe

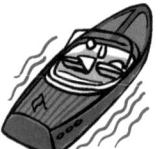

csónak

isikebhe

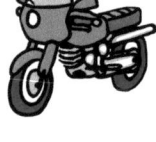

motorkerékpár

isithuthuthu

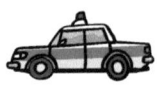

rendőrautó

imoto yamaphoyisa

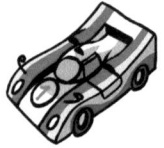

versenyautó

imoto ejahayo

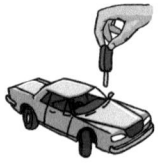

bérautó

imoto eqashiwe

telekocsi

ukurenta imoto

vontató

iloli eliphukile

szemetes autó

ithrakhi

motor

injini

üzemanyag

amafutha

benzinkút

indawo yokuthela uphethiloli

közlekedési tábla

uphawu lwethrafikhi

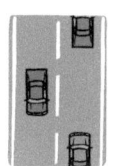

forgalom

ithrafikhi

forgalmi dugó

ithrafikhi enkulu

parkoló

indawo yokupaka izimoto

vonatállomás

isitashi sesitimela

sínek

amaloli

vonat

isitimela

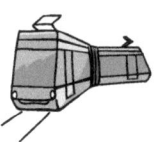

villamos

ithilamu

vagon

inqola

helikopter

ihelikhoptha

repülőtér

isikhungo sezindiza

torony

umphongolo

utas

iphasenja

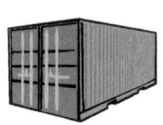

konténer

ikhonteyna

kartondoboz

ikhathoni

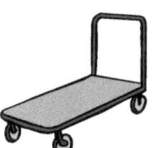

taliga

inqola

kosár

ubhasikidi

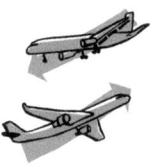

felszáll / leszáll

ukusuka / ukwehla

város
idolobha

falu

isigodi

városközpont

i-city centre

ház

indlu

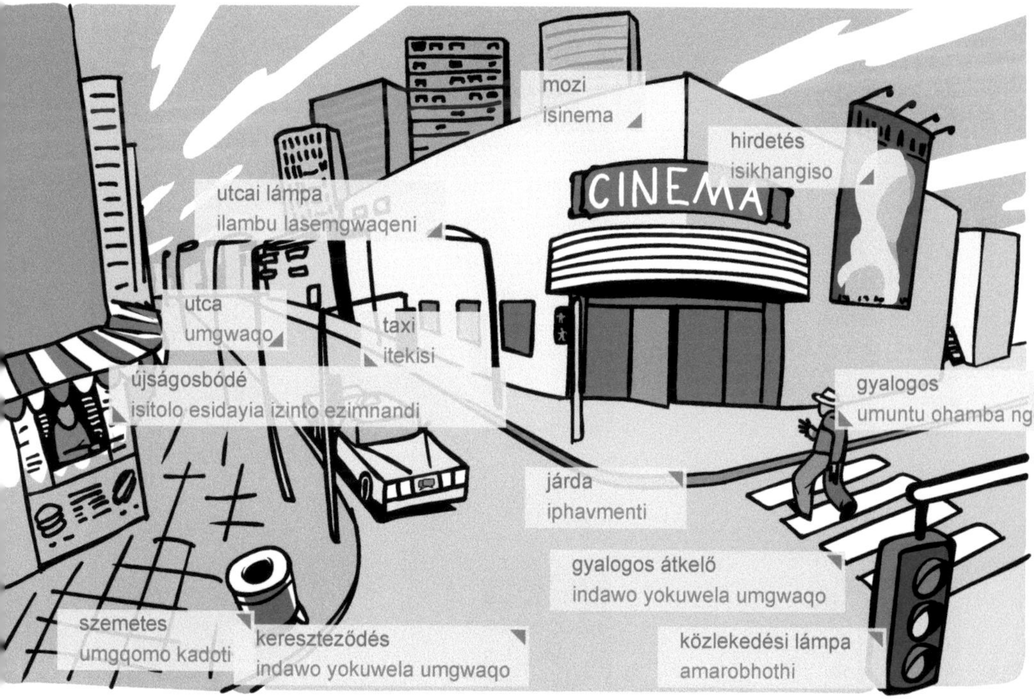
mozi
isinema
hirdetés
isikhangiso
CINEMA
utcai lámpa
ilambu lasemgwaqeni
utca
umgwaqo
taxi
itekisi
újságosbódé
isitolo esidayia izinto ezimnandi
gyalogos
umuntu ohamba ng
járda
iphavmenti
gyalogos átkelő
indawo yokuwela umgwaqo
szemetes
umgqomo kadoti
kereszteződés
indawo yokuwela umgwaqo
közlekedési lámpa
amarobhothi

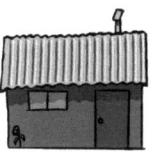

kunyhó

indlu yodaka

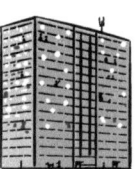

lakás

i-flat

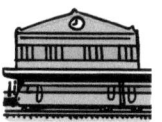

vonatállomás

isitashi sesitimela

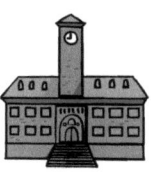

városháza

i-town hall

MUSEUM

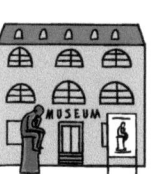

múzeum

imuzilemu

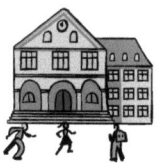

iskola

isikole

egyetem

inyuvesi

bank

ibhange

kórház

isibhedlela

hotel

ihhotela

gyógyszertár

ikhemisi

iroda

i-ofisi

könyvesbolt

isitolo sezincwadi

üzlet

esitolo

virágüzlet

istolo sezimbali

szupermarket

emakethe enkulu

piac

imakethe

áruház

isitolo somnyango

halárus

i-fishmonger's

bevásárló központ

isikhungo sezitolo

kikötő

isikhungo semikhumbi

park

ipaki

pad

ibhentshi

híd

ibhuloho

lépcső

izitezi

metró

ngaphansi komhlaba

alagút

umhubhe

buszmegálló

istobhu sebhasi

bár

i-bar

étterem

isitolo sokudlela

postaláda

eposini

utcatábla

uphawu lwasemgwaqeni

parkoló óra

umshini wokukhokhela
ukupaka

állatkert

esiqiwini

uszoda

indawo yokubhukuda

mecset

i-mosque

gazdálkodás
ifamu

környezetszennyezés
ukungcola

temető
amagcwaba

templom
isonto

játszótér
igrawundi lokudlala

szentély
ithempeli

táj

ingadi

levél
icembe

útjelző tábla
mpambano mgwaqo

út
indlela

rét
idlelo

kő
itshe

fa
isihlahla

túrázó
umqwali wezintaba

folyó
umfula

fű
utshani

virág
imbali

völgy
isigodi

domb
intaba

tó
ichibi

erdő
ihlathi

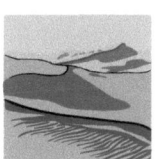

sivatag
ogwadule

vulkán
intaba mlilo

kastély
isigodlo

szivárvány
uthingo

gomba
ikhowe

pálmafa
isihlahla sesundu

szúnyog
umiyane

légy
ukundiza

hangya
intuthwane

méhecske
inyosi

pók
isicabucabu

bogár

ibhungane

béka

ixoxo

mókus

i-squirrel

sündisznó

i-hedgehog

nyúl

unogwaja

bagoly

isikhova

madár

izinyoni

hattyú

idada

vaddisznó

intibane

szarvas

inyamazane

rénszarvas

i-moose

gát

idamu

szélturbina

i-wind turbine

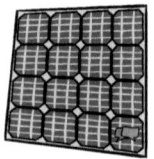

napelem

i-solar panel

éghajlat

isimo sezulu

étterem
isitolo sokudlela

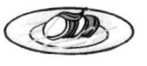

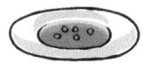

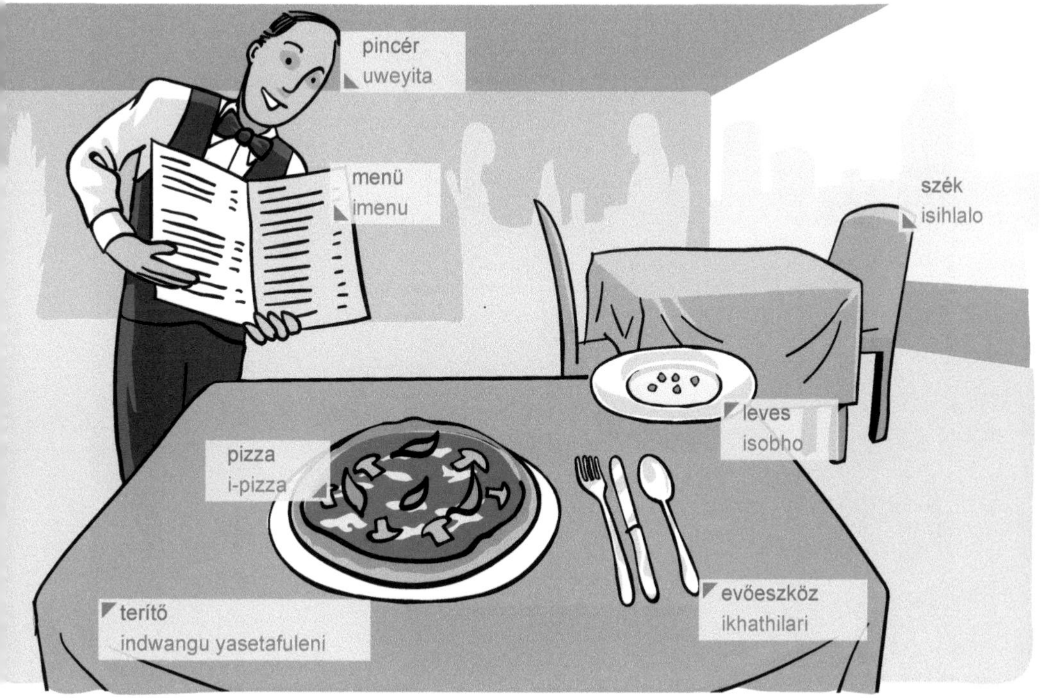
pincér
uweyita
menü
imenu
szék
isihlalo
leves
isobho
pizza
i-pizza
terítő
indwangu yasetafuleni
evőeszköz
ikhathilari

előétel
ukudla okulula

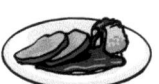

főétel
isidlo

desszert
idizethi

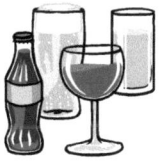

italok
iziphuzo

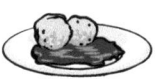

étel
ukudla

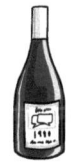

üveg
ibhodlela

gyorsétel

ukudla okulula

gyorsétel

ukudla okudayiswa emgwaqeni

teás kanna

ithiphothi

cukortartó

isitsha sikashukela

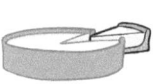

adag

ingxenye

eszpresszógép

umshini we-ekspreso

bárszék

isitulo esiphezulu

számla

izindleko

tálca

ithreyi

kés

ummese

villa

imfologo

kanál

ispuni

teáskanál

ithispuni

szalvéta

indawo yokusula umlomo

pohár

igilasi

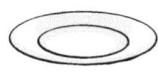

tányér
ipuleti

leveses tányér
ipuleti lesobho

csészealj
isoso

szósz
isosi

sószóró
isitsha sasawoti

borsőrlő
isitsha sephepha

ecet
uviniga

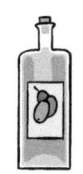

étkezési olaj
amafutha

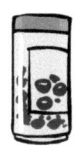

fűszerek
izinongo

ketchup
isosi yetamatisi

mustár
isosi yesinaphi

majonéz
imayonesi

szupermarket

emakethe enkulu

különleges ajánlat
amanani akhethekile
FOR
ügyfél
ikhasimende
tejtermék
ukudla okwenziwe ngobisi
gyümölcsök
isithelo
bevásárló kocsi
ithroli

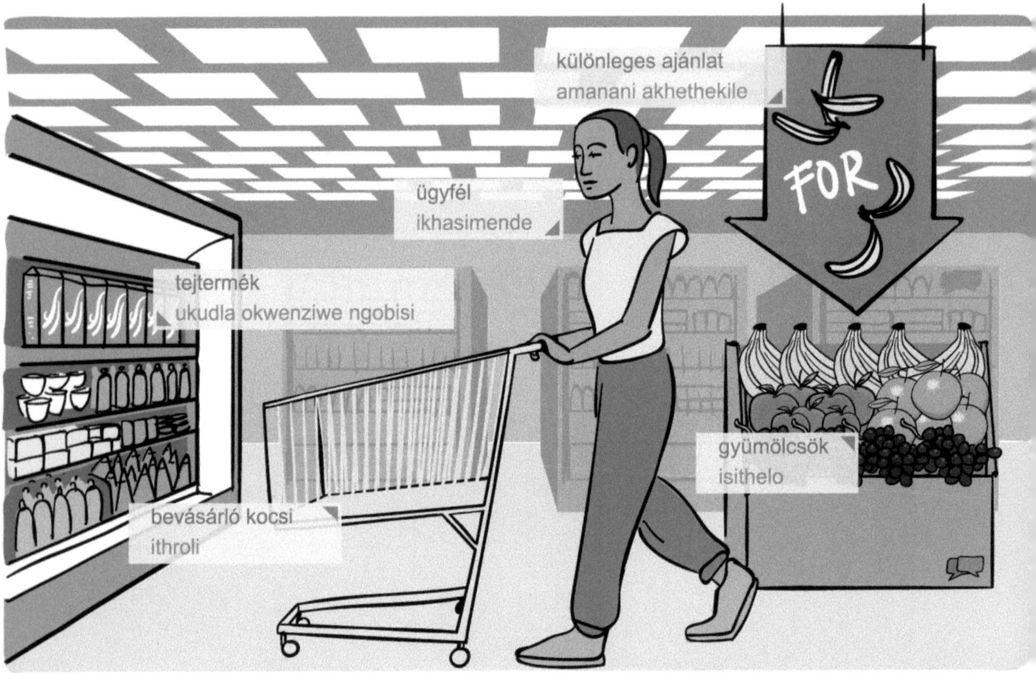

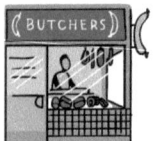

BUTCHERS

hentes

ebhusha

BAKERY

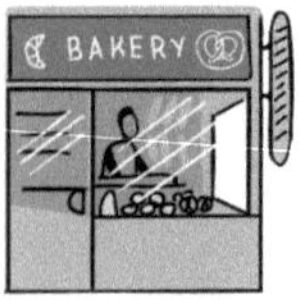

pékség

isitolo esidayisa isinkwa

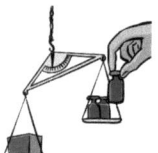

nyom valamennyit

kala

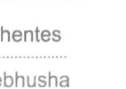

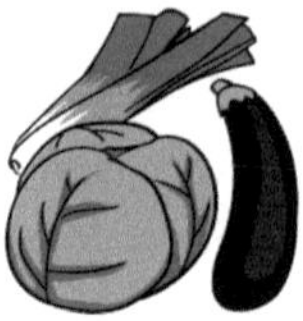

zöldség

amaveji

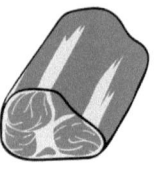

hús

inyama

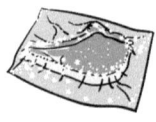

fagyasztott áru

ukudla okubandayo

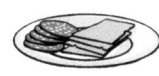

felvágott

inyama ebandayo

konzerv

ukudla okusethinini

mosópor

insipho yokuwasha enguphawuda

édességek

oswidi

háztartási termék

izinto zasendlini

tisztítószerek

izinto zokuhlanza

eladó

umuntu odayisayo

pénztárgép

ithili

eladó

umbali wemali

bevásárló lista

izinto okumelwe zithengwe

nyitva tartás

amahora okuvula

levéltárca

uwolethi

hitelkártya

ikhadi lesikweletu

zacskó

isikhwama

műanyag zacskó

isikwama sepulastiki

víz

amanzi

gyümölcslé

ijusi

tej

ubisi

kóla

i-coke

bor

iwayini

sör

ubhiya

alkohol

utshwala

kakaó

i-cocoa

tea

itiye

kávé

ikhofi

eszpresszó

i-ekspreso

kapucsínó

ikhaphachino

banán

ubhanana

alma

i-apula

narancs

i-olintshi

sárgadinnye

ikhabe

citrom

ulamula

sárgarépa

ukherothi

fokhagyma

ugaligi

bambusz

umhlanga

hagyma

u-anyanisi

gomba

ikhowe

magvak

amakinati

nokedli

ama-noodle

spagetti

isipagethi

rizs

iraysi

saláta

isaladi

sült krumpli

ama-chips

sült burgonya

amazambane athosiwe

pizza

i-pizza

hamburger

ibhega

szendvics

isendiwichi

hússzelet

inyama engenathambo

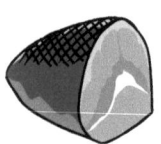

sonka

ham

szalámi

salami

kolbász

isoseji

csirke

inkukhu

pecsenye

yosiwe

hal

inhlanzi

zabkása

iphalishi le-oats

müzli

i-muesli

kukoricapehely

ama-cornflakes

liszt

uflulawa

croissant

i-croissant

zsemle

isinkwa esiyiroli

kenyér

isinkwa

pirítós kenyér

i-toast

keksz

amabhiskidi

vaj

ibhotela

túró

i-curd

sütemény

ikhekhe

tojás

iqanda

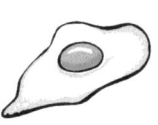

tükörtojás

iqanda elithosiwe

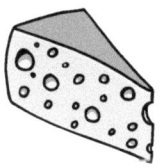

sajt

ushizi

jégkrém

i-ice cream

cukor

ushukela

méz

uju

lekvár

ujamu

mogyorókrém

ispredi sikashokholedi

curry

isitshulu

étel - ukudla

gazdálkodás

ifamu

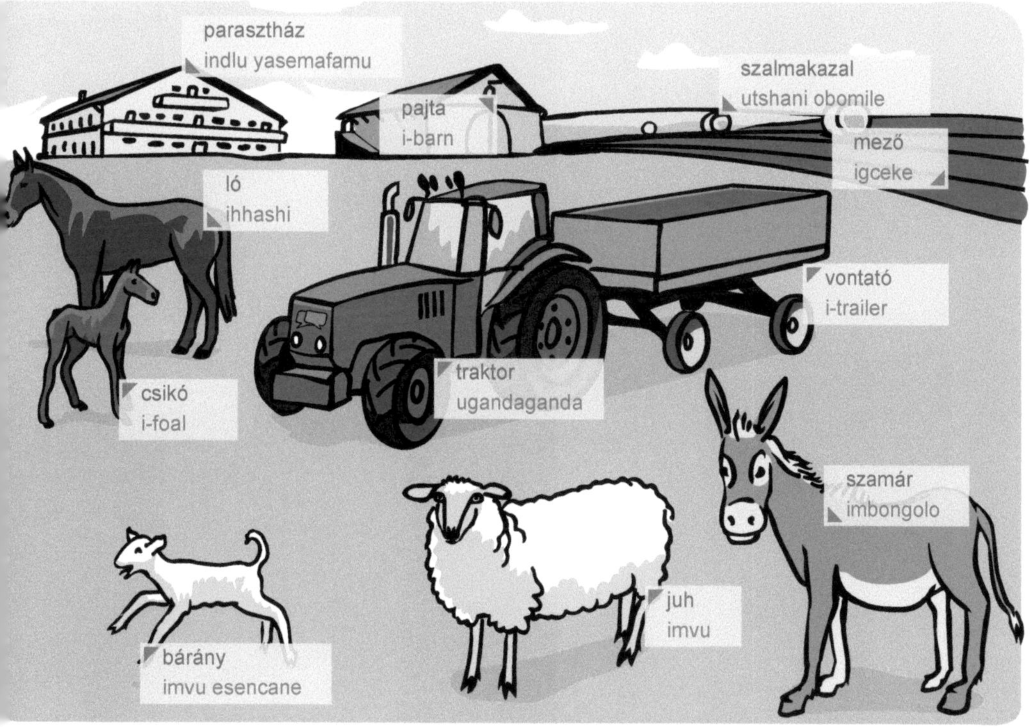
parasztház
indlu yasemafamu
pajta
i-barn
szalmakazal
utshani obomile
mező
igceke
ló
ihhashi
vontató
i-trailer
traktor
ugandaganda
csikó
i-foal
szamár
imbongolo
juh
imvu
bárány
imvu esencane

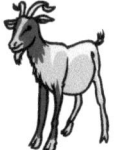

kecske
imbuzi

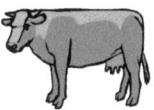

tehén
inkomo

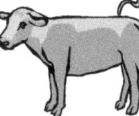

borjú
ithole

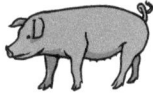

malac
ingulube

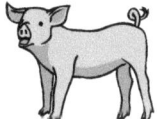

kismalac
ingulube esencane

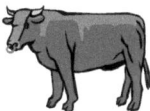

bika
inkunzi

liba

ihansi

kacsa

idada

csibe

ichwane

tojó

isikhukhukazi

kakas

iqhude

patkány

igundwane

macska

ikati

egér

igundwane

ökör

inkabi

kutya

inja

kutyaház

indlu yenja

kerti öntözőcső

ipayipi lokunisela

öntözőkanna

ikani lokunisela

kasza

ucelemba

eke

igeja

28   gazdálkodás - ifamu

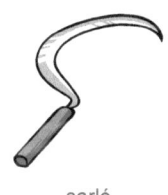

sarló

isikela

kapa

ukhuba

vasvilla

imfoloko

fejsze

imbazo

talicska

ibhala

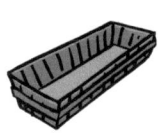

teknő

umkhombe

tejes kancsó

ubusi olusekanini

zsák

isaka

kerítés

ifensi

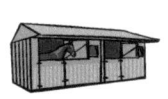

istálló

esitebhilini

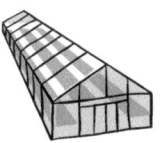

üvegház

i-greenhouse

talaj

inhlabathi

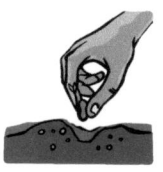

vetőmag

imbewu

trágya

umanyolo

cséplőgép

ukuvuna okuhlanganisiwe

szüretelni

vuna

betakarítás

isivuno

yamgyökér

ama-yam

búza

ukolweni

szója

umbhontshisi

burgonya

amazambane

kukorica

ummbila

repcemag

i-rapeseed

gyümölcsfa

isihlahla sezithelo

manióka

umdumbula

gabona

amasiriyeli

ház
indlu

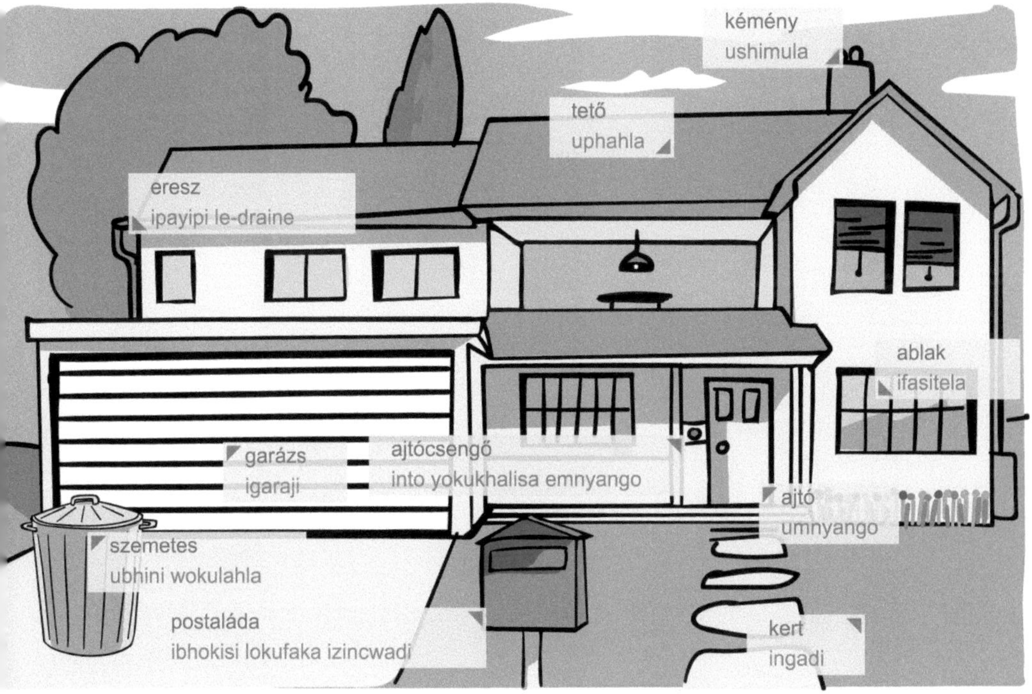

kémény
ushimula
tető
uphahla
eresz
ipayipi le-draine
ablak
ifasitela
garázs
igaraji
ajtócsengő
into yokukhalisa emnyango
ajtó
umnyango
szemetes
ubhini wokulahla
postaláda
ibhokisi lokufaka izincwadi
kert
ingadi

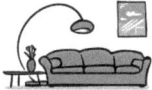

nappali

igumbi lokuhlala

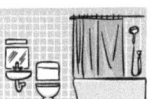

fürdőszoba

igumbi lokugeza

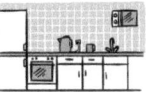

konyha

ikhishi

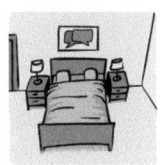

hálószoba

igumbi lokulala

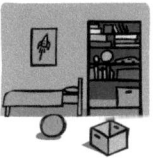

gyerekszoba

igumbi lezingane

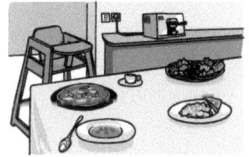

ebédlő

igumbi lokudlela

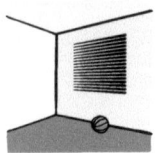

padló

phansi

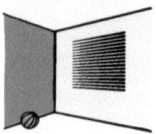

fal

udonga

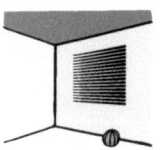

plafon

usilingi

pince

i-cella

szauna

i-sauna

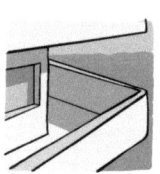

erkély

ibhalconi

terasz

i-terrace

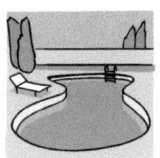

medence

iphuli

fűnyíró

umshin wokugunda utshani

lepedő

ishidi

ágytakaró

ingubo yokulala

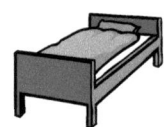

ágy

umbhede

seprű

umshanelo

vödör

ibhakede

kapcsoló

i-switch

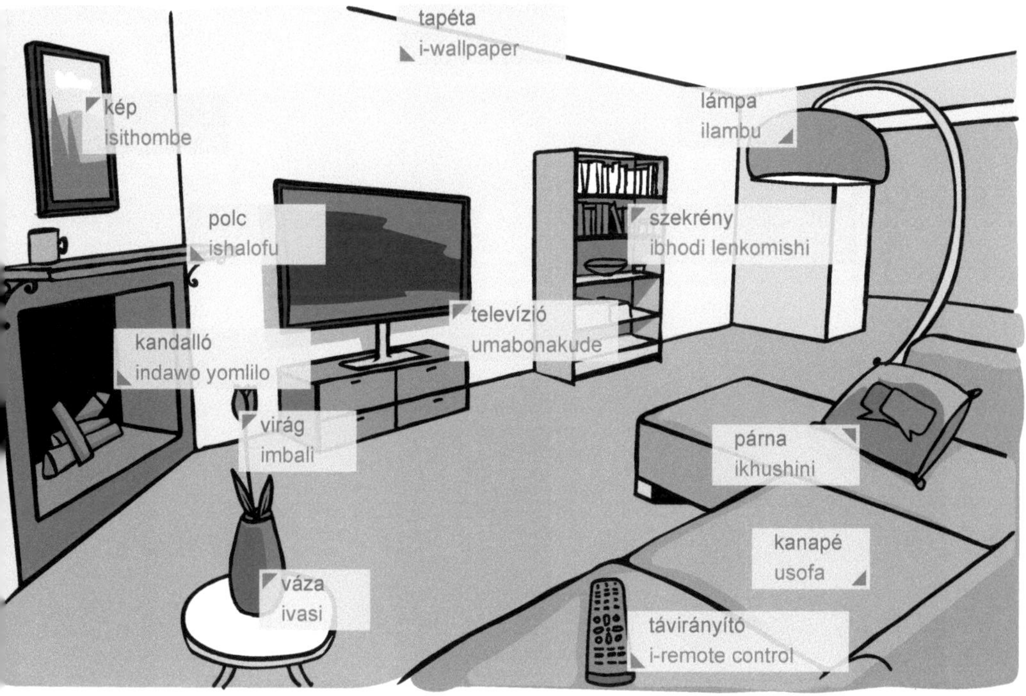

tapéta
i-wallpaper

kép
isithombe

lámpa
ilambu

polc
ishalofu

szekrény
ibhodi lenkomishi

kandalló
indawo yomlilo

televízió
umabonakude

virág
imbali

párna
ikhushini

kanapé
usofa

váza
ivasi

táviranyító
i-remote control

	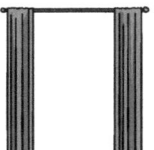	
szőnyeg	függöny	asztal
ukhaphethe	ikhethini	itafula

szék	hintaszék	karosszék
isihlalo	isihlalo esinyakazayo	isihlalo esingangengalo

könyv

incwadi

takaró

ingubo

dekoráció

ukuhlobisa

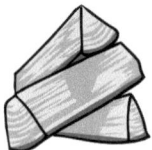

tűzifa

izinkuni zokubasa

film

ifilimu

hifi

izinto ze-hi-fi

kulcs

ukhiye

újság

iphephandaba

festmény

ukupenda

poszter

iphosta

rádió

umsakazo

jegyzetfüzet

i-notepad

porszívó

ihuva

kaktusz

i-cactus

gyertya

ikhandlela

konyha
ikhishi

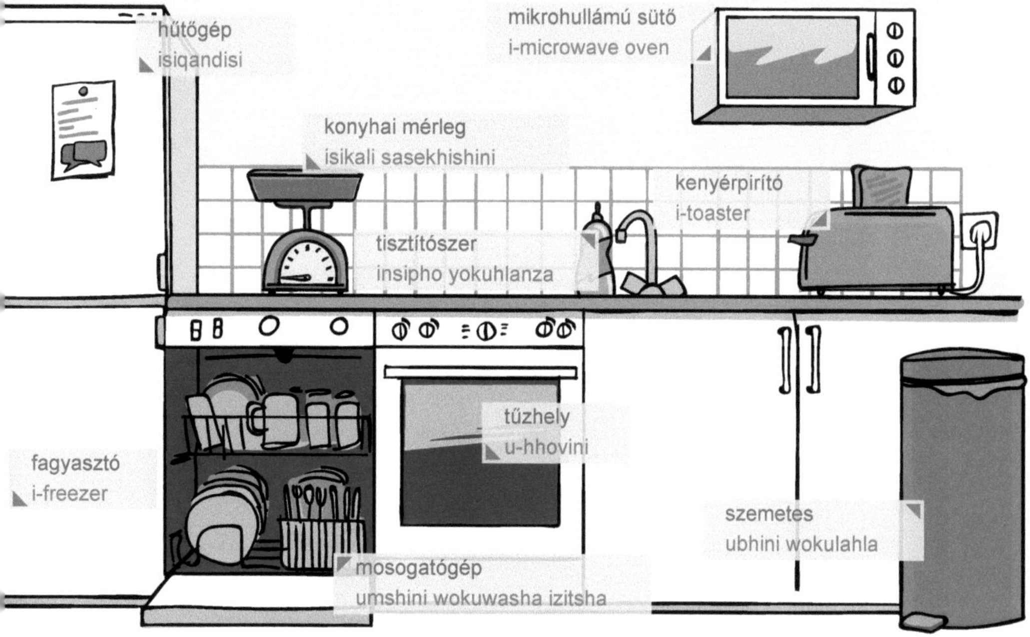

hűtőgép
isiqandisi
mikrohullámú sütő
i-microwave oven
konyhai mérleg
isikali sasekhishini
kenyérpirító
i-toaster
tisztítószer
insipho yokuhlanza
tűzhely
u-hhovini
fagyasztó
i-freezer
szemetes
ubhini wokulahla
mosogatógép
umshini wokuwasha izitsha

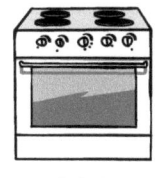

tűzhely

umshini wokupheka

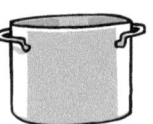

edény

ibhodwe

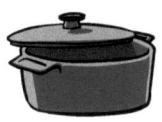

vasfazék

ibhodwe le-cast iron

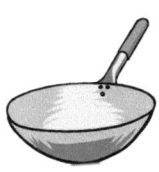

wok / kadai

i-wok / kadai

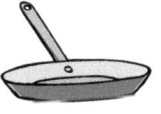

serpenyő

ipani

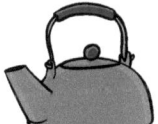

vízforraló

iketela

páró

i-steamer

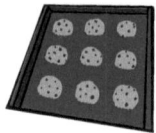

tepsi

ithreyi lokubhaka

étkészlet

izitsha zokudla

bögre

imaki

tálka

isitsha

evőpálcika

izinti zendwangu

merőkanál

isixembe sokuphaka

keverőlapátka

ispathula

habverő

i-whisk

szűrő

i-strainer

szita

isisefo

reszelő

igretha

mozsár

isitsha sodaka

grillsütő

i-barbecue

kandalló

umlilo

vágódeszka

ibhodi lokuqoba

sodrófa

ipini lokurola

dugóhúzó

iskrew

doboz

ikani

konzervnyitó

into yokuvula ikani

edényfogó

indwangu yokubamba
ibhodwe

mosogató

usinki

kefe

i-brush

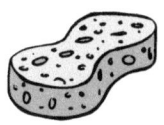

szivacs

isiponji

turmixgép

ibhlenda

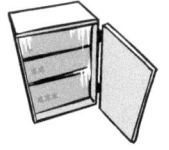

mélyhűtő

i-deep freezer

cumisüveg

ibhodlela lengane

csap

umpompi

fürdőszoba
igumbi lokugeza

zuhany
ishawa
fűtés
isifudumezo
törölköző
ithawula
zuhanyfüggöny
ikhethini leshawa
habfürdő
insipho yokugeza eyenza amagwebu
kád
ubhavu
pohár
igilasi
mosógép
umshini wokuwasha
csap
umpompi
csempe
amathayizi
bili
ithoyilethi lezingane
mosogató
usinki

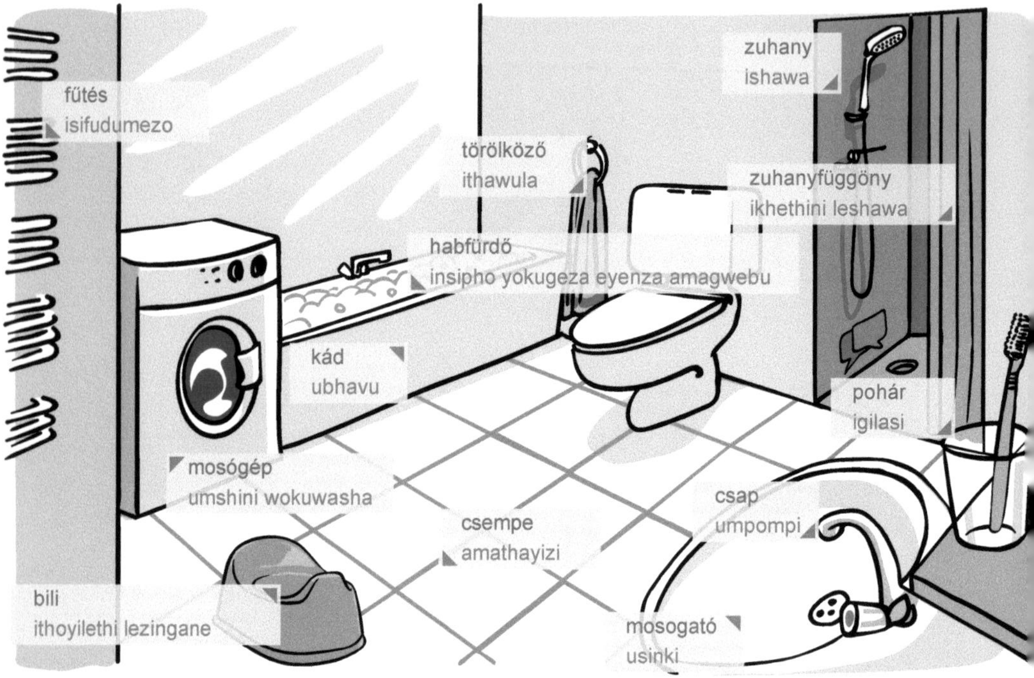

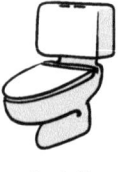

toalett

ithoyilethi

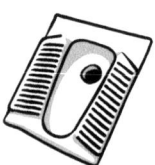

guggolós toalett

ithoyilethi oqoshama kuyo

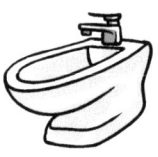

bidé

ithoyilethi le-bidet

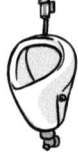

piszoár

ithoyilethi lokuchama labesilisa

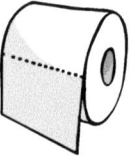

toalett papír

iphepha lasethoyilethi

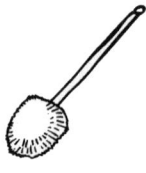

wc kefe

ibhrashi lasethoyilethi

fogkefe

ibhrashi lamazinyo

fogkrém

insipho yamazinyo

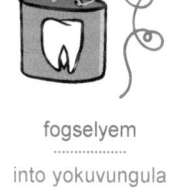

fogselyem

into yokuvungula

mosni

washa

kézi zuhany

ishawa ebanjwa ngesandla

intimzuhany

uchatho

mosdótál

u-basini

hátmosó kefe

ibrashi lomhlane

szappan

insipho

tusfürdő

ijeli yeshawa

sampon

ishampu

mosdókesztyű

ishethi lesikoshi

lefolyó

i-drain

krém

ukhilimu

dezodor

into yokugcoba
amakhwapha

tükör

isibuko

kézitükör

isibuko esiphathwa
ngesandla

borotva

ireyza

borotvahab

igwebu lokushefa

borotválkozás utáni
arcszesz

umuthi ogcotshwa ngemva
kokushefa

fésű

ikama

hajkefe

ibhrashi

hajszárító

into yokomisa izinwele

hajlakk

ispreyi sezinwele

smink

i-makeup

ajakrúzs

into yokugcoba umlomo

körömlakk

into yokususa upende
wezinzipho

vatta

uwuli kakotini

körömvágó olló

isikelo sezinzipho

parfüm

isigqolo

neszesszer

isikhwama sezinto zokugeza

sámli

isitulo

mérleg

isikali

köntös

ingubo yokugeza

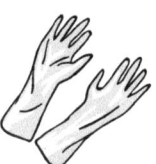

gumikesztyű

amagilavu erabha

tampon

ithemponi

egészségügyi betét

iphedi yasesikhathini

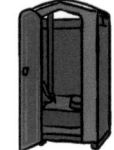

vegyi WC

ithoyilethi lekhemikhali

gyerekszoba
igumbi lezingane

ébresztő óra
i-alamu yewashi elichonywayo
plüssállat
ithoyizi lokudlala
játékautó
imoto eyithoyizi
csörgő
i-rattle
babaház
indlu kanodoli
ajándék
isiphongo

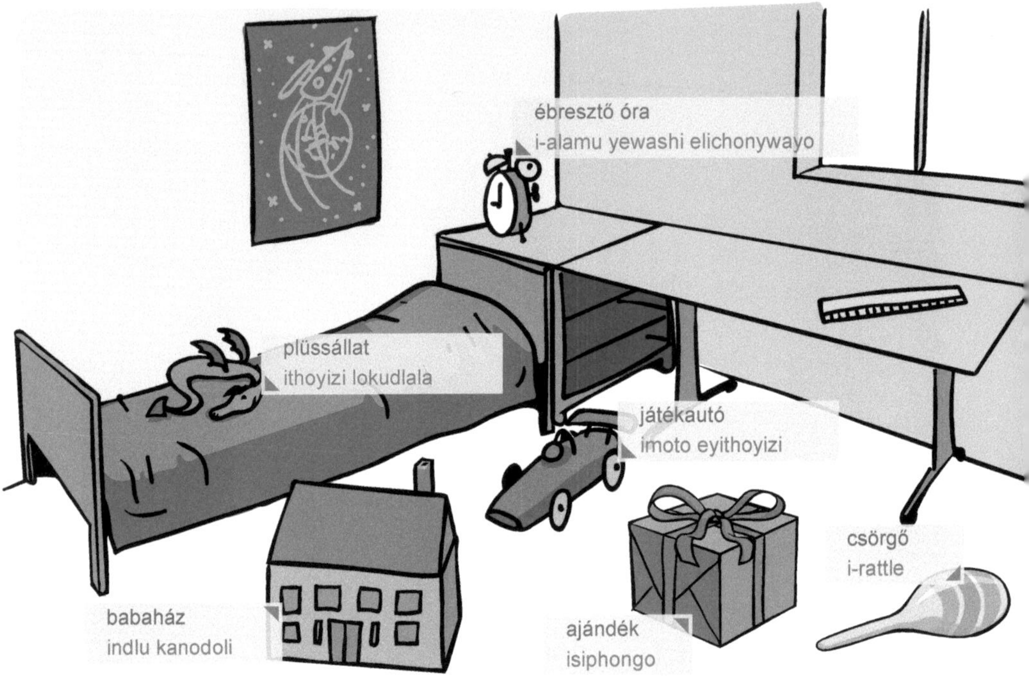

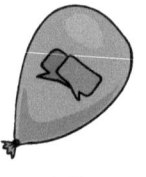

lufi

ibhaluni

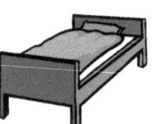

ágy

umbhede

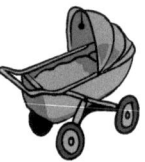

babakocsi

iphremu

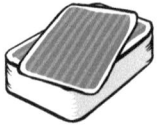

kártyapakli

amakhadi

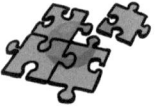

kirakós játék

i-jigsaw

képregény

indaba edwetshiwe

építőkockák

amabrick elego

építőelem

amabhuloksi okwakha

szuperhős

unodoli weqhawe

rugdalózó

izimpahla zezingane

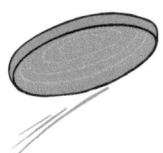

frizbi

i-frisbee

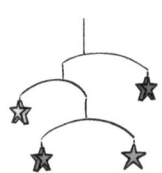

zenélő forgó

amathoyizi ezingane alengayo

társasjáték

ibhodi lokudlala igemu

kocka

idayisi

modellvasút

isethi yesitimela

cumi

idemu

zsúr

iphathi

képeskönyv

incwadi yezithombe

labda

ibhola

baba

unodoli

játszani

dlala

homokozó

umgodi wenhlabathi

hinta

uzwinki

játékok

amathoyizi

videójáték konzol

umshini wamavidiyo geymu

tricikli

ibhayisikili elinemasondo
amathathu

teddi maci

uthedibhe

ruhásszekrény

u-wardrobe

ruházat

izimpahla

zokni

amasokisi

harisnya

amastokhingi

harisnyanadrág

amathayithi

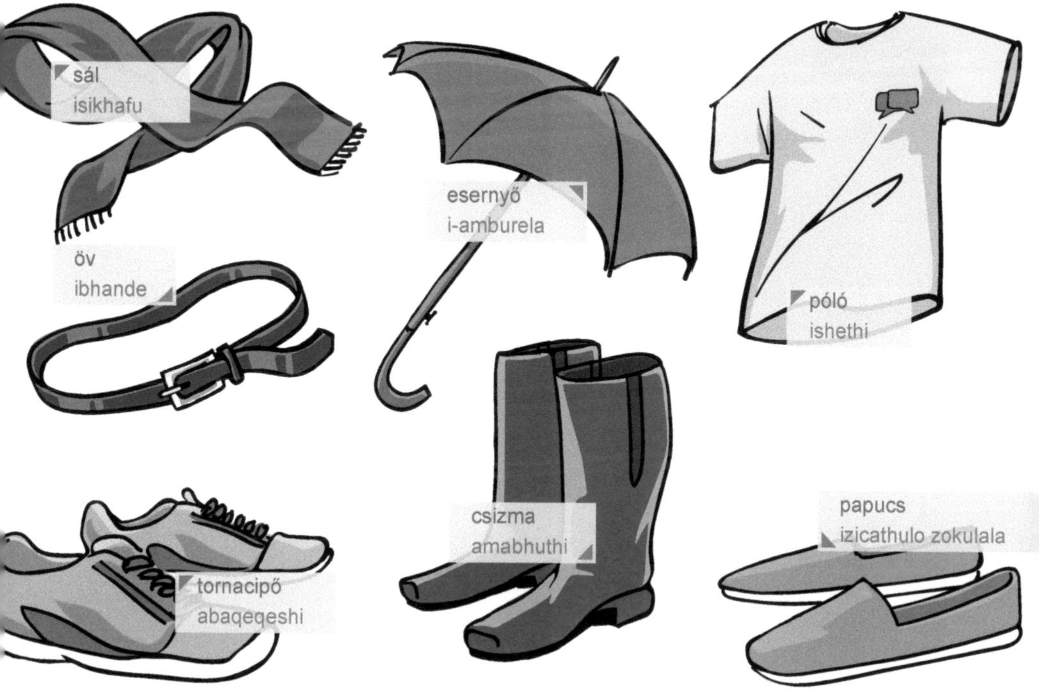

sál
isikhafu

öv
ibhande

esernyő
i-amburela

póló
ishethi

csizma
amabhuthi

papucs
izicathulo zokulala

tornacipő
abaqeqeshi

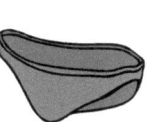

szandál
....
amasandali

cipő
....
izicathulo

gumicsizma
....
amabhuthi erabha

alsónadrág
....
iphenti

melltartó
....
u-bra

mellény
....
ivesti

ruházat - izimpahla

body
umzimba

nadrág
amabhulukwe

farmer
amajini

szoknya
isiketi

blúz
isikibha

ing
ishethi

pulóver
ijezi elinezigqoko

kapucnis pulóver
i-hoodie

blézer
ibhuleyiza

dzseki
ijakhethi

kabát
ijazi

esőkabát
i-raincoat

kosztüm
ikhosyumu

ruha
ingubo

esküvői ruha
ingubo yomshado

öltöny
isudu

hálóing
ingubo yokulala

pizsama
amaphijama

szári
ingubo yesari

fejkendő
isikhafu

turbán
isigqoko se-turban

burka
ibhukha

kaftán
ingubo yekaftani

abaya
abaya

fürdőruha
impahla yokubhukuda

fürdőnadrág
amathranki

rövidnadrág
isikhindi

tréningruha
i-tracksuit

kötény
ingubo yokupheka

kesztyű
amagilavu

gomb

ibhathini

szemüveg

izibuko

karkötő

ibhengela

nyaklánc

umgexo

gyűrű

indandatho

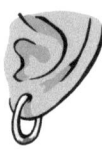

fülbevaló

amacici

sapka

ikepisi

vállfa

into yokuhenga ijazi

kalap

isigqoko

nyakkendő

uthayi

cipzár

uziphu

bukósisak

ihelmethi

nadrágtartó

ama-braces

iskolai egyenruha

iyunifomu yesikole

egyenruha

iyunifomu

elöke

ibhayi lengane

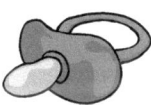

cumi

idemu

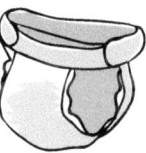

pelenka

inabukeni

iroda
i-ofisi

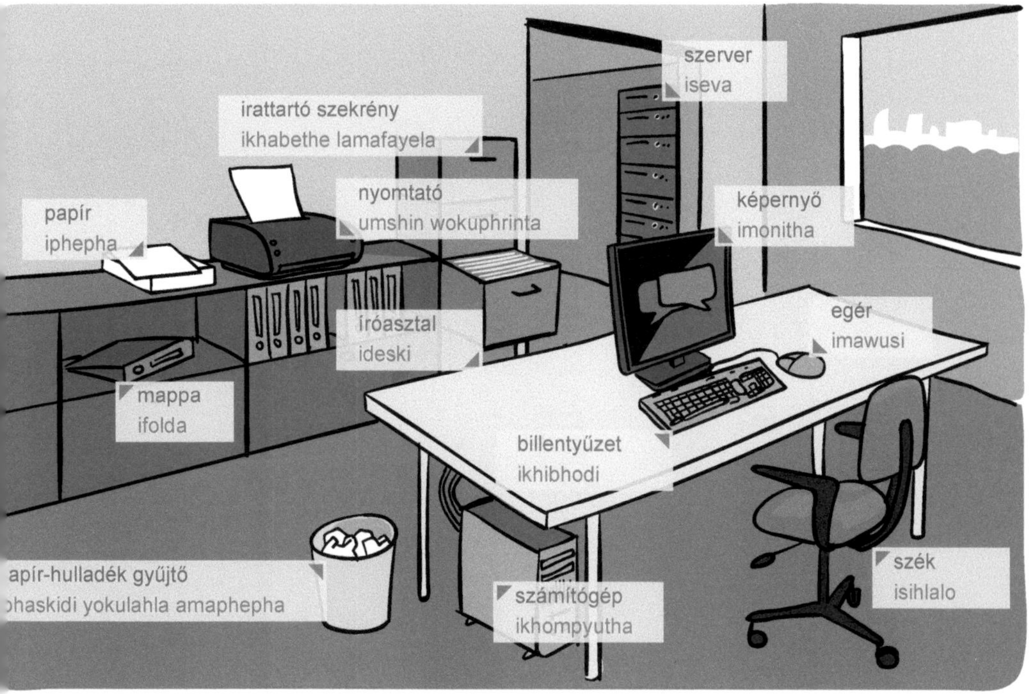

szerver
iseva

irattartó szekrény
ikhabethe lamafayela

papír
iphepha

nyomtató
umshin wokuphrinta

képernyő
imonitha

íróasztal
ideski

egér
imawusi

mappa
ifolda

billentyűzet
ikhibhodi

papír-hulladék gyűjtő
phaskidi yokulahla amaphepha

szék
isihlalo

számítógép
ikhompyutha

kávéscsésze

imagi yekhofi

számológép

ikhalkhuletha

internet

i-inthanethi

laptop

ilephuthophu

levél

incwadi

üzenet

umyalezo

mobiltelefon

ifoni

hálózat

inethiwekhi

fénymásoló

ifothokhophi

szoftver

i-software

telefon

ucingo

konnektor

indawo yokupulaka

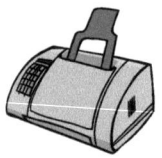

faxgép

umshini wokufeksa

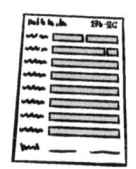

formanyomtatvány

ifomu

dokumentum

idokhumenti

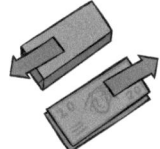

venni

thenga

fizetni

khokha

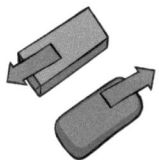

kereskedni

shintshana

pénz

imali

dollár

idola

euró

i-euro

jen

iyen

rubel

i-rouble

svájci frank

iSwiss franc

kínai jüan

i-renminbi yuan

rúpia

i-rupee

bankautomata

umshini wokukhipha imali

valutaváltó iroda

i-bureau de change

arany

igolide

ezüst

isiliva

olaj

amafutha

energia

amandla

ár

inani lemali

szerződés

ukuxhumana

adó

intela

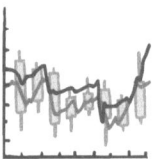

részvény

isitokwe

dolgozni

sebenza

munkavállaló

isisebenzi

munkaadó

umqashi

gyár

ifekthri

üzlet

esitolo

foglalkozások
imisebenzi

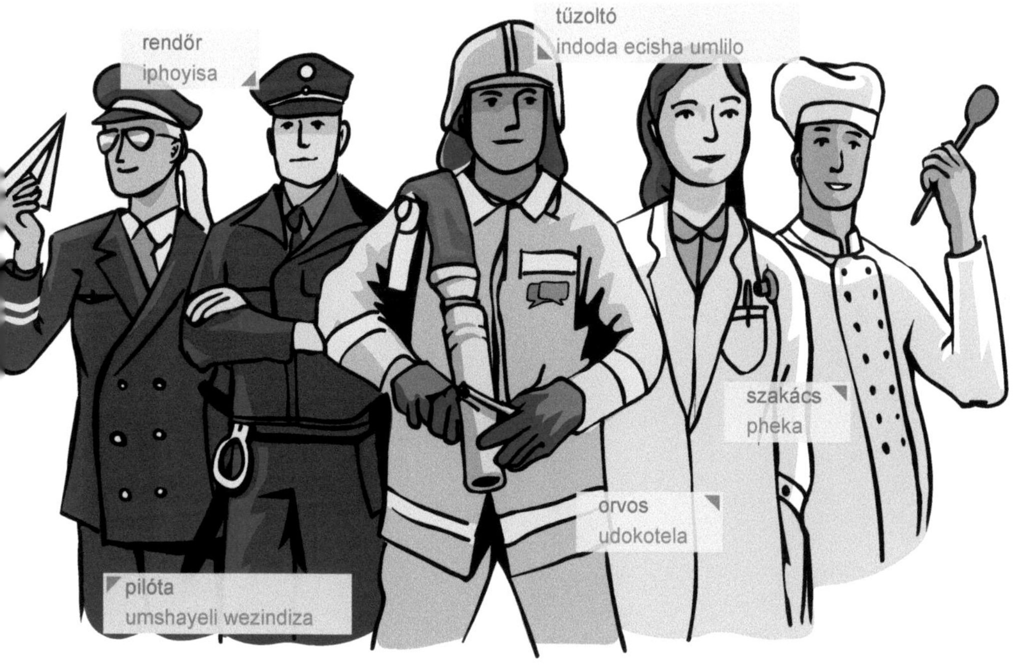
tűzoltó
indoda ecisha umlilo
rendőr
iphoyisa
szakács
pheka
orvos
udokotela
pilóta
umshayeli wezindiza

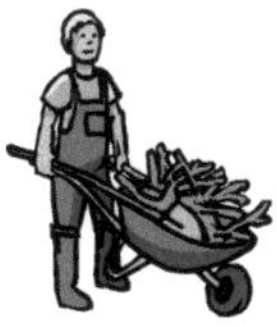

kertész

umuntu onakekela ingadi

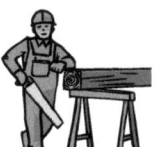

kárpitos

umbazi

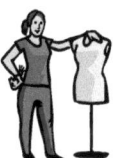

varrónő

umthungi

bíró

ijaji

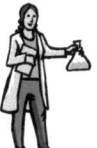

vegyész

umuntu osebenza ekhemisi

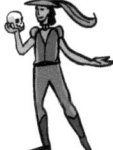

színész

umlingisi

buszsofőr

umshayeli webhasi

taxisofőr

umshayeli wetekisi

halász

indoda edoba izinhlanzi

bejárónő

owesifazane ohlanzayo

tetőfedő

umuntu olungisa uphahla

pincér

uweyita

vadász

umzingeli

festő

umuntu opendayo

pék

umbhaki

villanyszerelő

umuntu osebenza ngogesi

építőmunkás

umakhi

mérnök

unjiniyela

hentes

indawo edayisa inyama

vízvezeték-szerelő

umuntu osebenza
ngamapayipi

postás

indoda yaseposini

katona

isosha

építész

umdwebi wezakhiwo

eladó

umbali wemali

virágos

umuntu otshala izimbali

fodrász

umuntu owenza izinwele

kalauz

umqondisi wasesitimeleni

műszerész

umakhenikha

kapitány

ukaputeni

fogorvos

udokotela wamazinyo

tudós

usosayensi

rabbi

urabi

imám

imam

szerzetes

indela

lelkész

umfundisi

szerszámok
amathuluzi

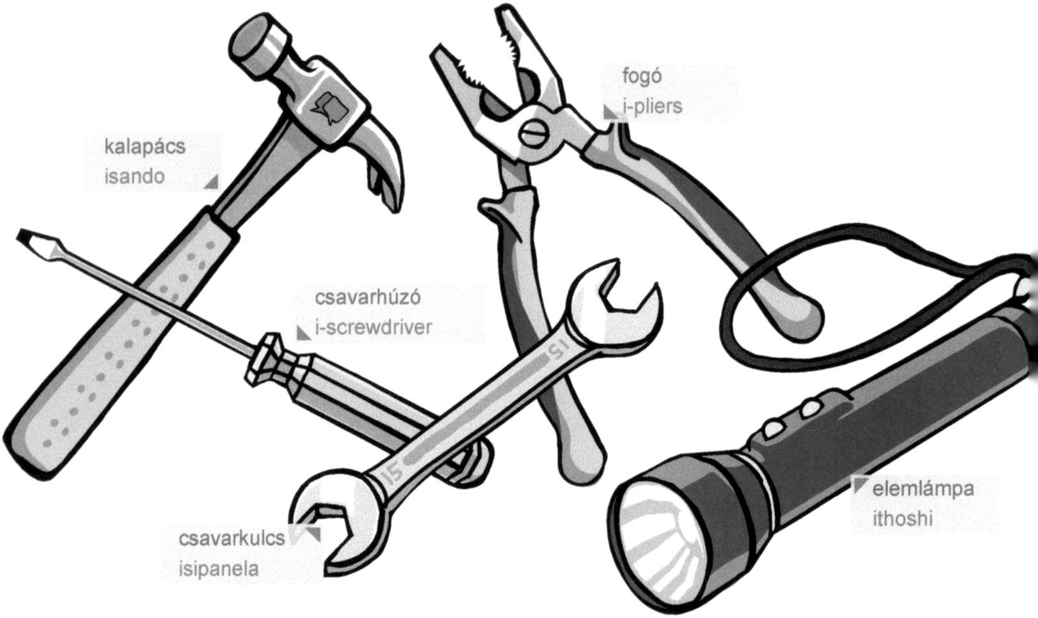

kalapács
isando
fogó
i-pliers
csavarhúzó
i-screwdriver
csavarkulcs
isipanela
elemlámpa
ithoshi

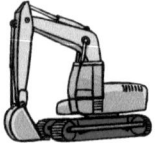

markológép

umshini wokumba

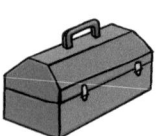

szerszámosláda

ibhokisi lamathuluzi

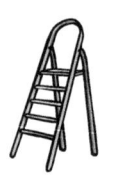

vödör

isitebhisi

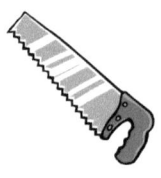

fűrész

isaha

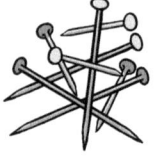

szög

izinzipho

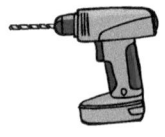

fúrógép

i-drill

megjavítani

lungisa

lapát

ifosholo

A francba!

Damethi!

szemétlapát

idastipheni

festékesdoboz

ithini likapende

csavar

i-screws

hangszerek

izinsimbi zomculo

dobfelszerelés
ikhithi yamadramu

hangszóró
ispikha esinomsindo omkhulu

gitár
isiginci

nagybőgő
isiginci i-double bass

trombita
icilongo

zongora

ipiyano

hegedű

ivayolini

basszusgitár

i-bass

üstdob

ithimpani

dobok

amadramu

digitális zongora

i-keyboard

szaxofon

i-saxophone

fuvola

umtshingo

mikrofon

imakhrofoni

hangszerek - izinsimbi zomculo

állatkert
esiqiwini

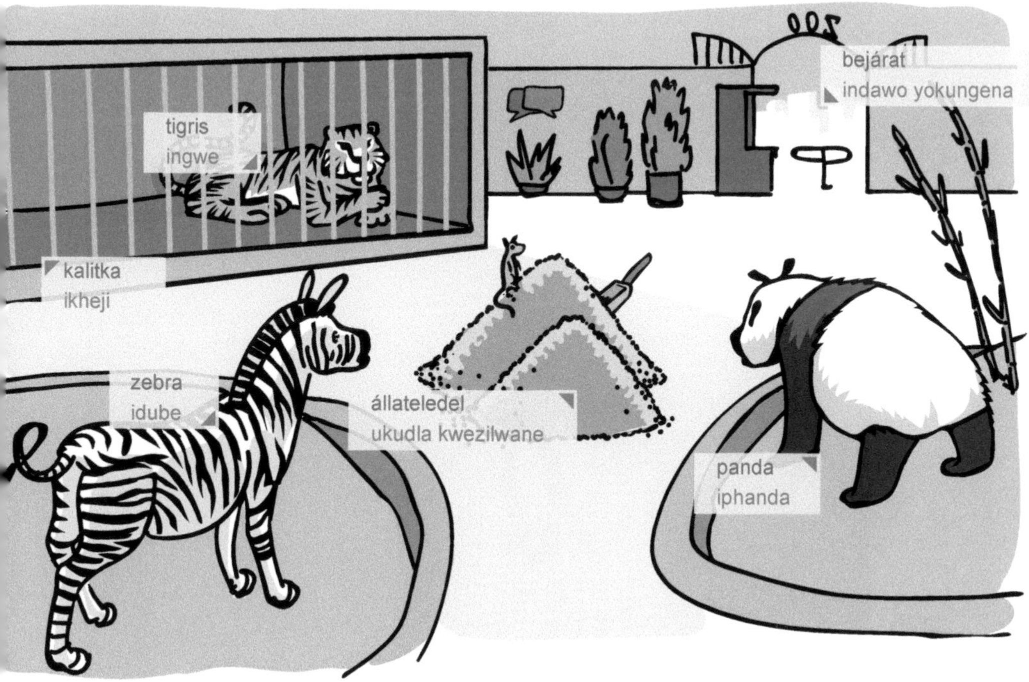

tigris
ingwe
bejárat
indawo yokungena
kalitka
ikheji
zebra
idube
állateledel
ukudla kwezilwane
panda
iphanda

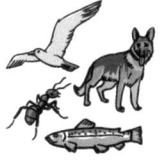

állatok

izilwane

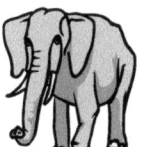

elefánt

indlovu

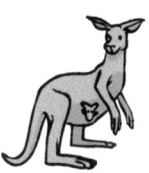

kenguru

ikhangaru

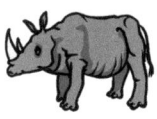

orrszarvú

ubhejane

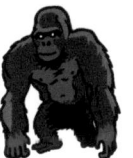

gorilla

igorila

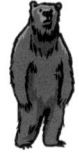

medve

ibhele

teve

ikamela

strucc

intshe

oroszlán

ingonyama

majom

inkawu

flamingó

i-flamingo

papagáj

upholi

jegesmedve

ibhele laseqhweni

pingvin

iphenguwini

cápa

ushaka

páva

ipigogo

kígyó

inyoka

krokodil

ingwenya

állatgondozó

umgcini wezilwane

fóka

isilwane saseqhweni

jaguár

ijaguwa

póniló
iponi

leopárd
ingwe

víziló
imvubu

zsiráf
indlulamithi

sas
ukhozi

vaddisznó
intibane

hal
inhlanzi

teknős
ufudu

rozmár
i-walrus

róka
ujakalase

gazella
inyamazane igazele

amerikai futball
ibhola lezinyawo laseMelika

kerékpározás
umdlali webhayisikili

tenisz
ithenisi

kosárlabda
ibhola lomnqankiswano

úszás
ukubhukuda

boksz
isibhakela

jégkorong
i-ice hockey

futball
ibhola lezinyawo

tollas
i-badminton

atlétika
abasubathi

kézilabda
ibhola lezandla

síelés
ukushushuluza

lovaspóló
ipolo

tevékenységek
imisebenzi

ugrani
gxuma
ölelni
haga
nevetni
hleka
sétálni
hamba
énekelni
cula
álmodni
phupha
dicsérni
thandaza
csókolni
cabuza

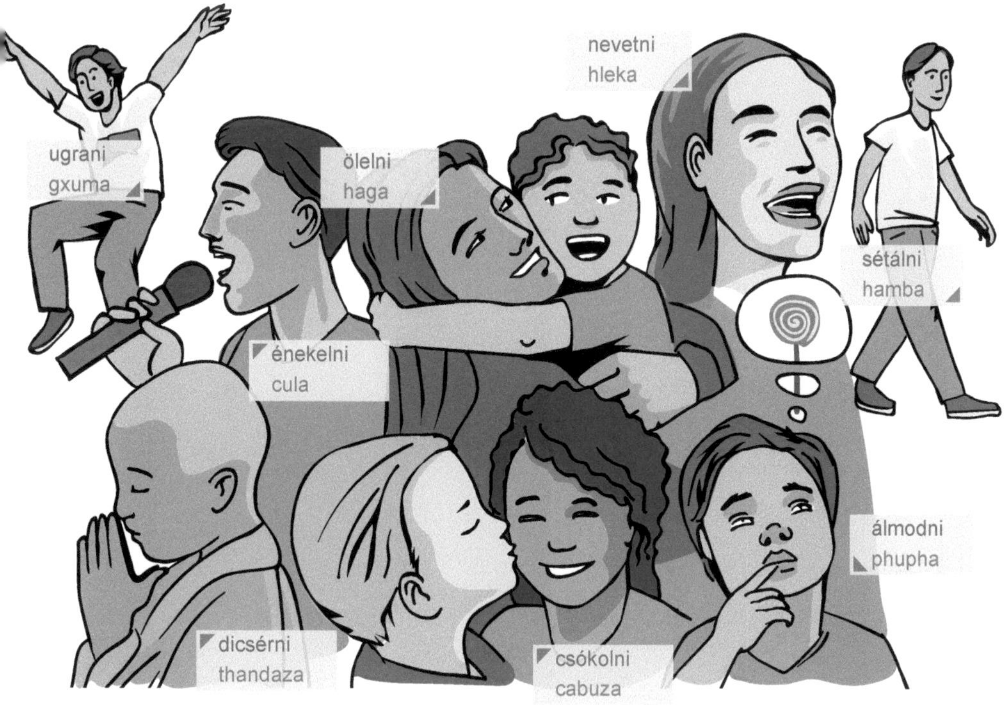

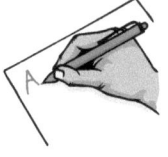

írni
bhala

rajzolni
dweba

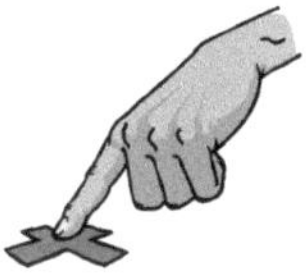

mutatni
bonisa

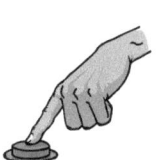

tolni
phusha

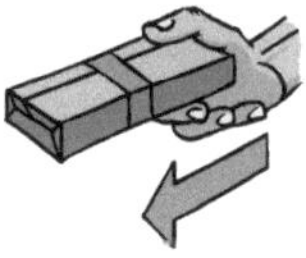

adni
nikeza

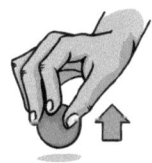

vinni
thatha

birtokolni

yiba

csinálni

yenza

lenni

yiba

állni

sukuma

futni

gijima

húzni

donsa

hajít

phonsa

esni

yiwa

hazudni

amanga

várni

linda

vinni

thwala

ülni

hlala

felvenni

gqoka

aludni

lala

felébredni

vuka

ránézni

bukela

sírni

khala

simogat

qhweba

fésülni

kama

beszélni

khuluma

megérteni

qonda

kérdezni

buza

hallgatni

lalela

inni

phuza

enni

idla

takarítani

coca

szeretni

thanda

főzni

pheka

vezetni

shayela

szállni

ndiza

vitorlázni

hamba ngomkhumbi

számol

bala

olvasni

funda

tanulni

funda

dolgozni

sebenza

házasodni

shada

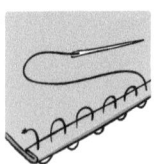

varrni

thunga

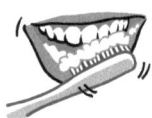

fogat mosni

geza amazinyo

ölni

bulala

dohányozni

bhema

küldeni

thumela

nagymama
ugogo

nagypapa
umkhúlu

apa
ubaba

anya
umama

kisbaba
ingane

lány
indodakazi

fiú
indodana

vendég

isivakashi

nagynéni

u-anti

nagybácsi

umalume

fiútestvér

umfowethu

lánytestvér

udadewethu

test

umzimba

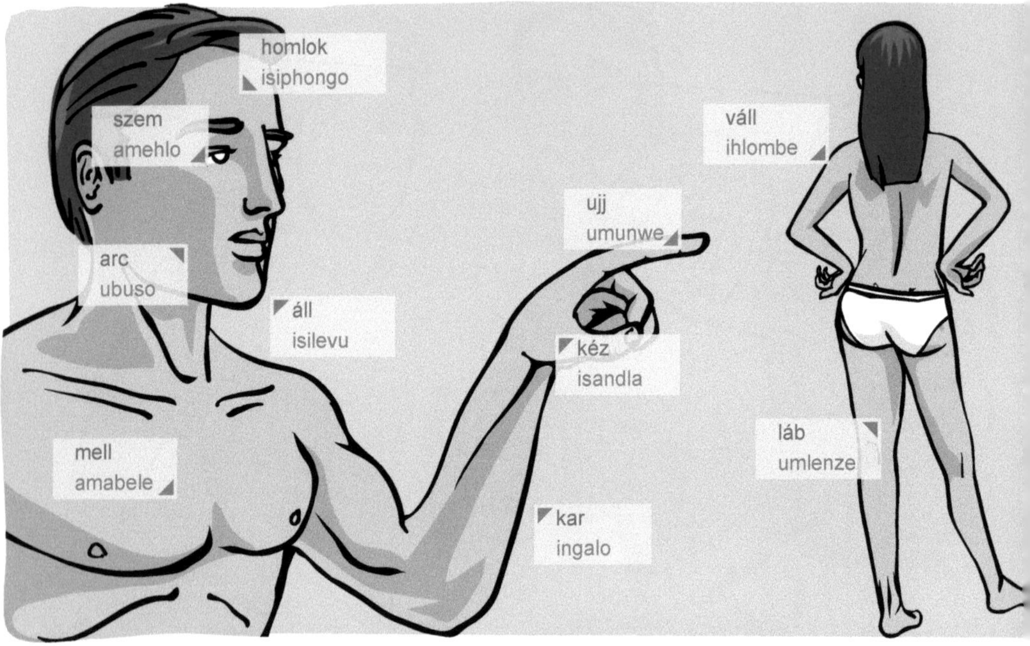

homlok
isiphongo
szem
amehlo
váll
ihlombe
ujj
umunwe
arc
ubuso
áll
isilevu
kéz
isandla
láb
umlenze
mell
amabele
kar
ingalo

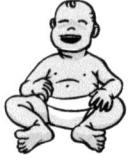

kisbaba

ingane

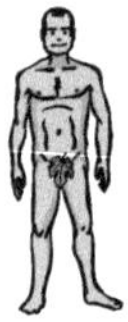

ember

indoda

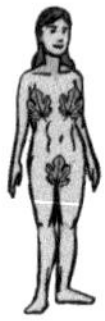

nő

owesifazane

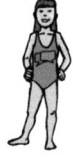

lány

intombazane

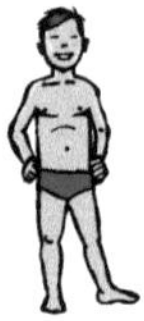

fiú

umfana

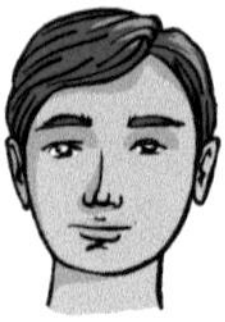

fej

ikhanda

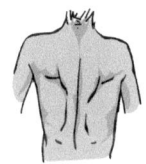

hát

umhlane

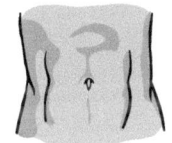

has

isisu

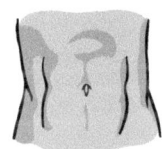

köldök

inkaba

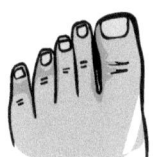

lábujj

izinzwane

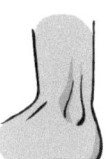

sarok

isithende

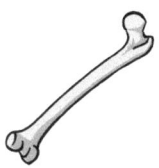

csont

ithambo

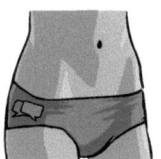

csípő

inqulu

térd

idolo

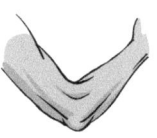

könyök

indololwane

orr

ikhala

fenék

ingenzansi

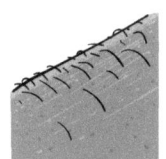

bőr

isikhumba

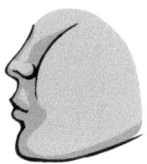

orca

iziqhomo

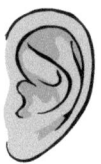

fül

indlebe

ajak

udebe

száj

umlomo

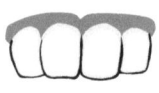

fog

amazinyo

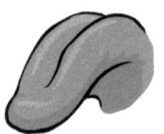

nyelv

ulimu

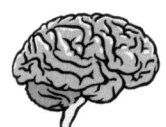

agy

ingqondo

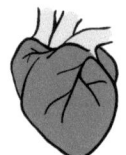

szív

inhliziyo

izom

imasela

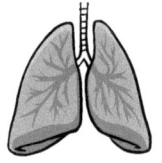

tüdő

uphaphe

máj

isibindi

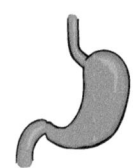

gyomor

isisu

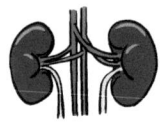

vese

izinso

szex

ucansi

kondom

ikhondomu

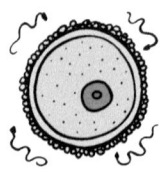

petesejt

iqanda

sperma

isidoda

terhesség

ukukhulelwa

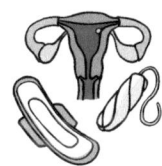

menstruáció

ukuya esikhathini

vagina

imomozi

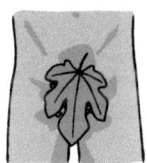

pénisz

umthondo

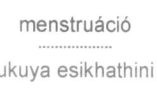

szemöldök

ishiya

haj

izinwele

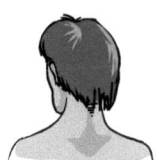

nyak

intamo

kórház
isibhedlela

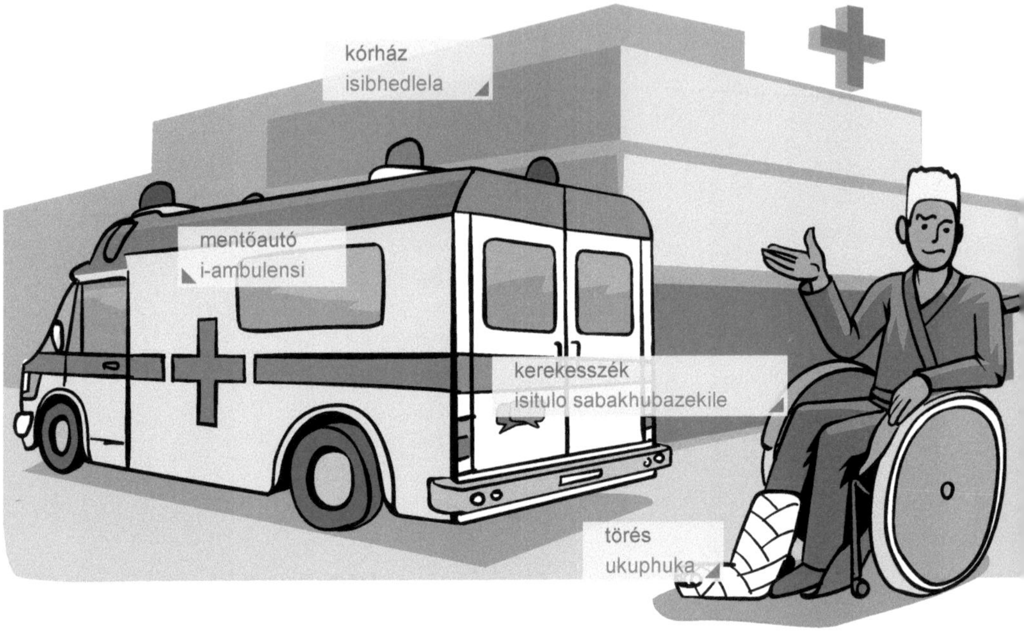

kórház
isibhedlela
mentőautó
i-ambulensi
kerekesszék
isitulo sabakhubazekile
törés
ukuphuka

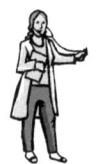

orvos

udokotela

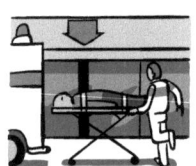

sürgősségi osztály

igumbi leziguli ezidinga ukwelashwa okuphuthumayo

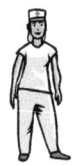

ápoló

umhlengikazi

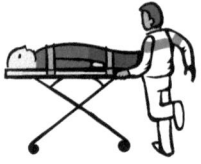

vészhelyzet

izimo eziphuthumayo

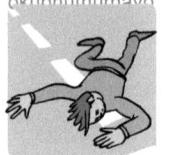

eszméletlen

ukuquleka

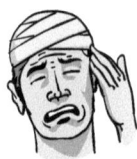

fájdalom

ubuhlungu

sérülés

ukulimala

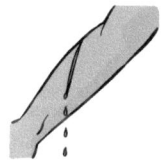

vérzés

ukopha

szívroham

isifo senhliziyo

szélütés

ukushaywa unhlangothi

allergia

ukungazwani komzimba
nezinto ezithile

köhögés

ukukhwehlela

láz

imfiva

influenza

umkhuhlane

hasmenés

ukuhuda

fejfájás

ukuphathwa ikhanda

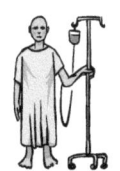

rák

umdlavuza

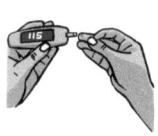

cukorbetegség

isifo sikashukela

sebész

udokotela ohlinzayo

szike

isikalpheli

műtét

ukuhlinzwa

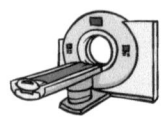

CT

CT

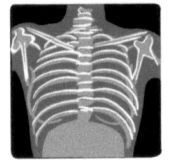

röntgen

i-x-ray

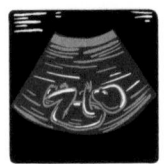

ultrahang

i-ultrasound

arcmaszk

imaskhi yasebusweni

betegség

isifo

váróterem

igumbi lokulinda

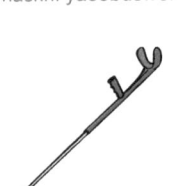

mankó

izinduko zokuhamba

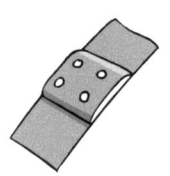

sebtapasz

iplasta

kötszer

ibhandishi

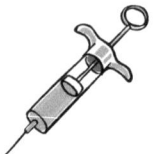

injekció

umjovo

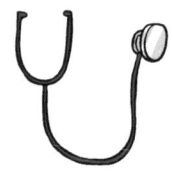

sztetoszkóp

izipopolo zikadokotela

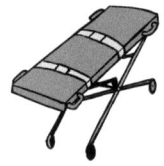

hordágy

i-stretcher

klinikai hőmérő

umshini okala izinga
lokushisa

születés

ukubeletha

túlsúly

ukukhuluphala ngokweqile

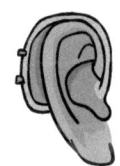

hallókészülék

insizwa yokuzwa

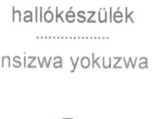

fertőtlenítőszer

ukungatheleleki

fertőzés

ukutheleleka

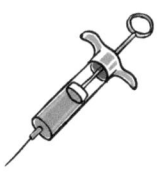

vírus

ivariyasi

HIV/AIDS

HIV / AIDS

orvosság

umuthi

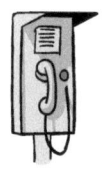

oltás

umgomo

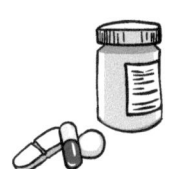

tabletták

amaphilisi

tabletta

amaphilisi

sürgősségi hívás

ucingo oluphuthumayo

vérnyomásmérő

umshini okala umfutho
wegazi

betegség / egészség

ukugula / ukuba umqemane

Segítség!	riasztás	rajtaütés
Sizani!	i-alamu	ukuhlasela

támadás	veszély	vészkijárat
ukuhlasela	ingozi	indawo yokubalekela ngaphansi kwezimo eziphuthumayo

tűz!	tűzoltókészülék	baleset
Umlimo!	isicimamlilo	ingozi

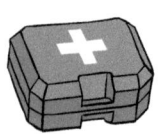

elsősegélycsomag	SOS	rendőrség
ikhithi yosizo lokuqala	SOS	amaphoyisa

Európa

Europe

Észak-Amerika

North America

Dél-Amerika

South America

Afrika

Africa

Ázsia

Asia

Ausztrália

Australia

Atlanti-óceán

Atlantic

Csendes-óceán

Pacific

Indiai-óceán

Indian Ocean

Déli-óceán

Antarctic Ocean

Jeges-tenger

Arctic Ocean

Északi-sark

North Pole

Déli-sark
South Pole

Antarktisz
Antarctica

föld
Umhlaba

szárazföld
umhlaba

tenger
izilwandle

sziget
isiqhingi

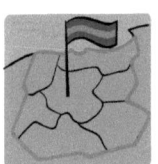

nemzet
izwe

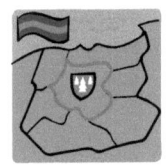

állam
inhlangano engokomthetho

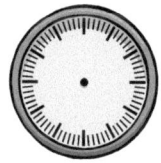

számlap
....
ubuso bewashi

kismutató
....
isandla sehora

nagymutató
....
isandla semizuzu

másodpercmutató
....
isandla sesibili

Mennyi az idő?
....
Ubani isikhathi?

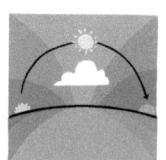

nap
....
usuku

idő
....
isikhathi

most
....
manje

digitális óra
....
iwashi lezibalo

perc
....
umzuzu

óra
....
ihora

hétfő
UMsombuluko

MO

TU

W ULwesithathu
szerda

TH

FR ULwesihlanu
péntek

SA

SO

kedd
ULwesibili

szombat
UMgqibelo

csütörtök
ULwesine

vasárnap
ISonto

tegnap	ma	holnap
izolo	namhlanje	kusasa

reggel	dél	este
ekuseni	emini	ntambama

hétköznap	hétvége
izinsuku zeviki	impelasonto

eső
imvula

szivárvány
uthingo

hó
ukukhithika kweqhwa

szél
umoya

tavasz
ithwasahlobo

ősz
ikwindla

nyár
ihlobo

tél
ubusika

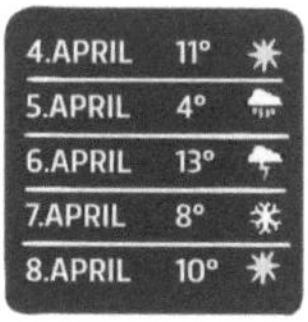

4.APRIL	11°	☀
5.APRIL	4°	🌧
6.APRIL	13°	⛈
7.APRIL	8°	☀
8.APRIL	10°	☀

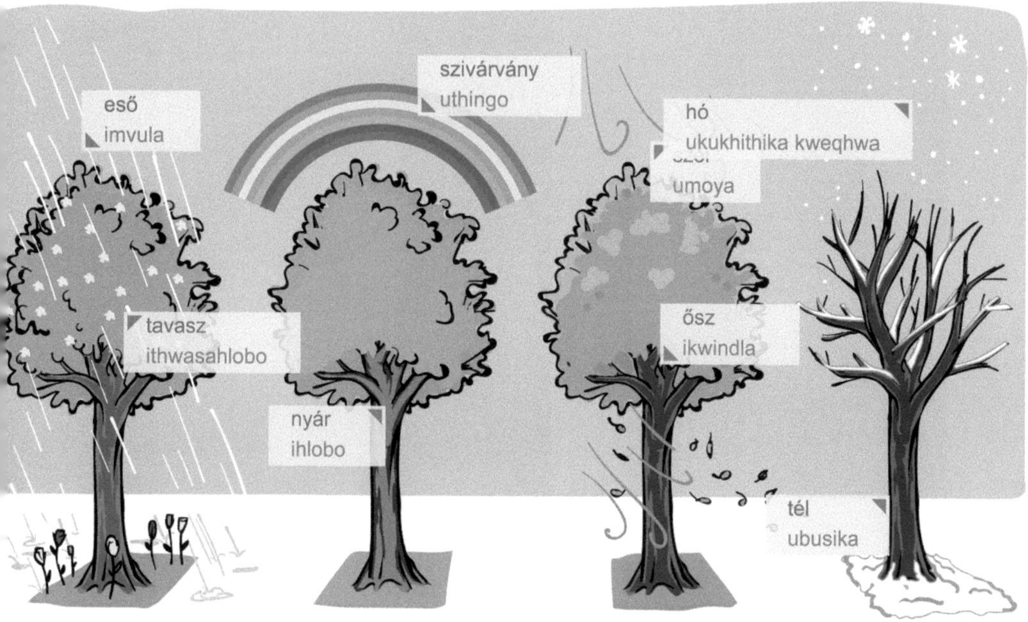

időjárás előrejelzés

isimo sezulu

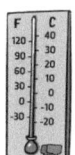

hőmérő

umshini wezinga lokushisa

napsütés

ukushisa kwelanga

felhő

amafu

köd

inkungu

páratartalom

umswakama

villámlás

ummbani

mennydörgés

ukuduma kwezulu

vihar

isiphepho

jégeső

isichotho

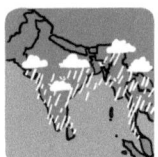

monszun

imvula enkulu

áradás

izikhukhula

jég

iqhwa

január

UMasingana

február

UNhlolanja

március

UNdasa

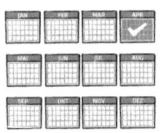

április

UMbasa

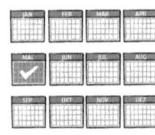

május

UNhlaba

június

UNhlangulana

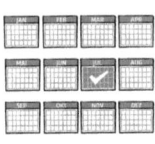

július

UNtulikazi

augusztus

UNcwaba

év - unyaka

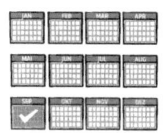

szeptember

UMandulo

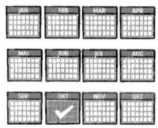

október

UMfumfu

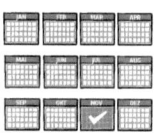

november

ULwezi

december

UZibandlela

alakzatok
amasheyphu

kör

indilinga

négyzet

isikwele

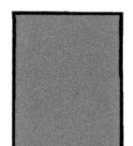

téglalap

unxande

háromszög

unxantathu

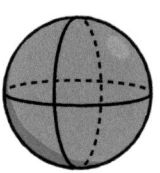

gömb

i-sphere

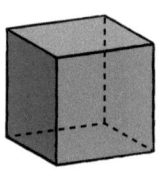

kocka

i-cube

fehér
....
kumhlophe

sárga
....
kuphuzi

narancs
....
ku-olenji

rózsaszín
....
kuphinki

piros
....
kumbomvu

lila
....
kuphephuli

kék
....
kuluhlaza
okwesibhakabhaka

zöld
....
kuluhlaza

barna
....
kubhrawuni

szürke
....
kuphashile

fekete
....
kumnyama

sok / kevés

kakhulu / kancane

mérges / nyugodt

ukucasuka / ubumnene

szép / csúnya

ubuhle / ububi

kezdet / vég

isiqalo / isiphetho

nagy / kicsi

kukhulu / kuncane

világos / sötét

kuyakhanya / kumnyama

fivér / nővér

umfowethu / udadewethu

tiszta / koszos

ukuhlanzeka / ukungcola

teljes / nem teljes

ukuphelela / ukungapheleli

nappal / éjszaka

imini / ubusuku

halott / élő

ukufa / ukuphila

széles / keskeny

ukuvuleka / ukunyinyeka

ehető / nem ehető

okudliwayo / okungadliwa

gonosz / kedves

ukukhohlakala / umusa

izgatott / unott

ukujabula / isithukuthezi

kövér / vékony

ukunona / ukuzaca

első / utolsó

ukuqala / ukugcina

barát / ellenség

umngane / isitha

teli / üres

ukugcwala / ukuphela

kemény / puha

ubunzima / ukuthamba

nehéz / könnyű

ukusinda / ukubalula

éhség / szomjúság

ukulamba / ukoma

betegség / egészség

ukugula / ukuba umqemane

illegális / legális

ngokomthetho / okungekho
emthethweni

intelligens / buta

ukuhlakanipha /
isiphukuphuku

bal / jobb

isinxele / esokudla

közel / távol

eduze / kude

új / használt

kusha / sekusebenzile

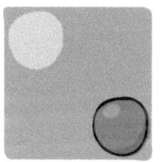

semmi / valami

utho / okuthile

idős / fiatal

okudala / okusha

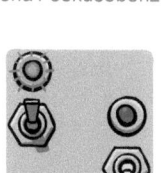

be / ki

vuliwe / kucishiwe

nyitva / zárva

vula / vala

csendes / hangos

kuthulekile / kunomsindo

gazdag / szegény

ukuceba / ubumpofu

helyes / helytelen

kulungile / akulungile

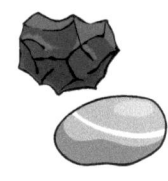

érdes / sima

kugadlazekile / kuyashelela

szomorú / vidám

dabuka / jabula

rövid / hosszú

kufishane / kude

lassú / gyors

kuyanensa / kuyashesha

nedves / száraz

ukuba manzi / ukoma

meleg / hideg

ukufudumala / ukuphola

háború / béke

ukulwa / ukuthula

0

nulla

uziro

1

egy

kunye

2

kettő

kubili

3

három

kuthathu

4

négy

kune

5

öt

kuhlanu

6

hat

isithupha

7

hét

isikhombisa

8

nyolc

isishiyagalombili

9

kilenc

isishiyagalolunye

10

tíz

ishumi

11

tizenegy

ishumi nanye

12

tizenkettő

ishumi nambili

13

tizenhárom

ishumi nantathu

14

tizennégy

ishumi nane

15

tizenöt

ishumi nanhlanu

16

tizenhat

ishumi nesithupha

17

tizenhét

ishumi nesikhombisa

18

tizennyolc

ishumi nesishiyagalombili

19

tizenkilenc

ishumi nesishiyagalolunye

20

húsz

amashumi amabili

100

száz

ikhulu

1.000

ezer

inkulungwane

1.000.000

millió

izigidi

angol

isiNgisi

amerikai angol

isiNgisi saseMelika

mandarin kínai

isiMandarin saseShayina

hindi

isiHindi

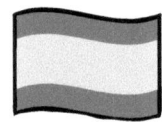

spanyol

iSpanishi

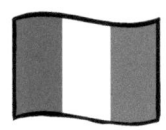

francia

isiFulentshi

arab

isi-Arabhu

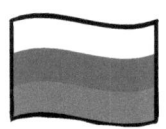

orosz

isiRashiya

portugál

isiPutukezi

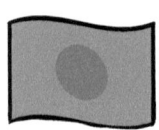

bengáli

isiBengali

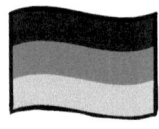

német

isiJalimane

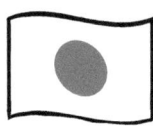

japán

isiJapane

én

Mina

te

wena

ö

u / u / ku

mi

thina

ti

nina

ök

bona

ki?

ubani?

mi?

ini?

hogyan?

kanjani?

hol?

kuphi?

mikor?

nini?

név

igama

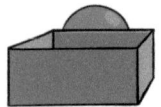

mögött

ngemuva

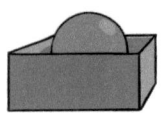

benne

ngaphakathi

előtte

phambi kwe

felette

phezulu

rajta

ngaphezulu

alatta

ngaphansi

mellett

eceleni

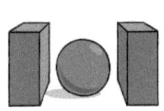

között

phakathi

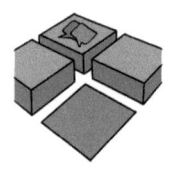

hely

indawo